唯美线描精选

宋晓明

热带植物

宋晓明 · 绘

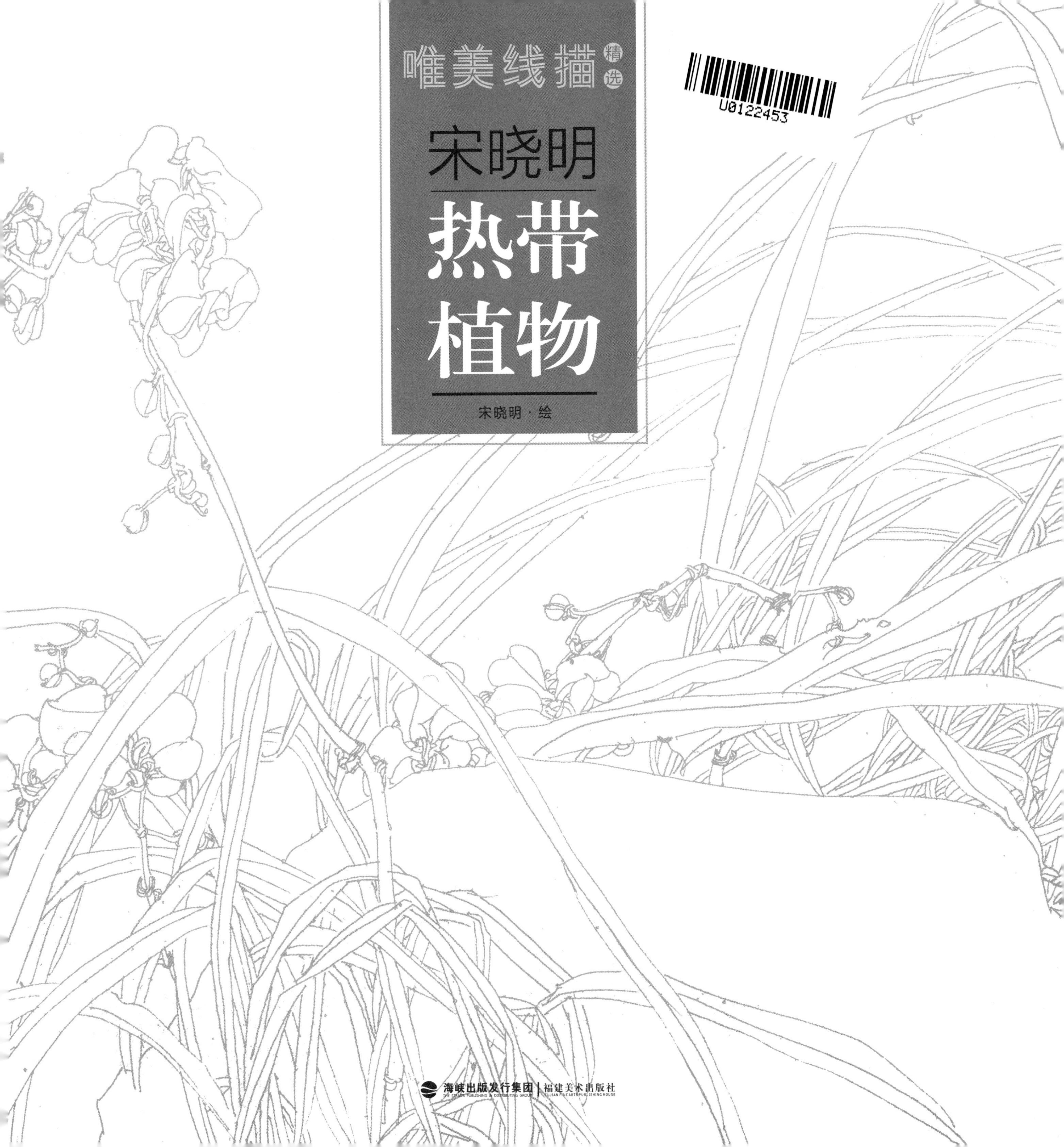

海峡出版发行集团 THE STRAITS PUBLISHING & DISTRIBUTING GROUP | 福建美术出版社 FUJIAN FINE ARTS PUBLISHING HOUSE

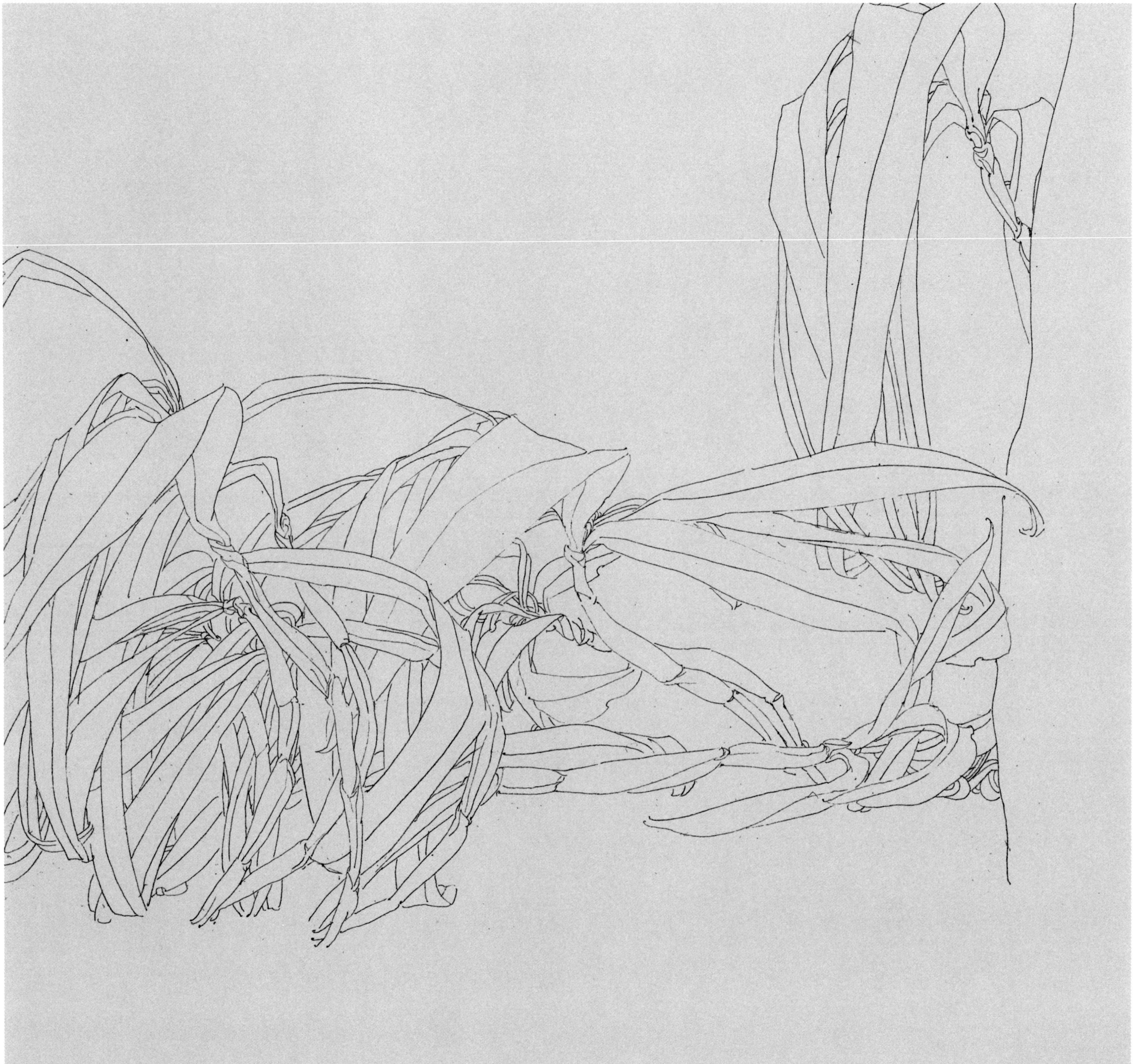

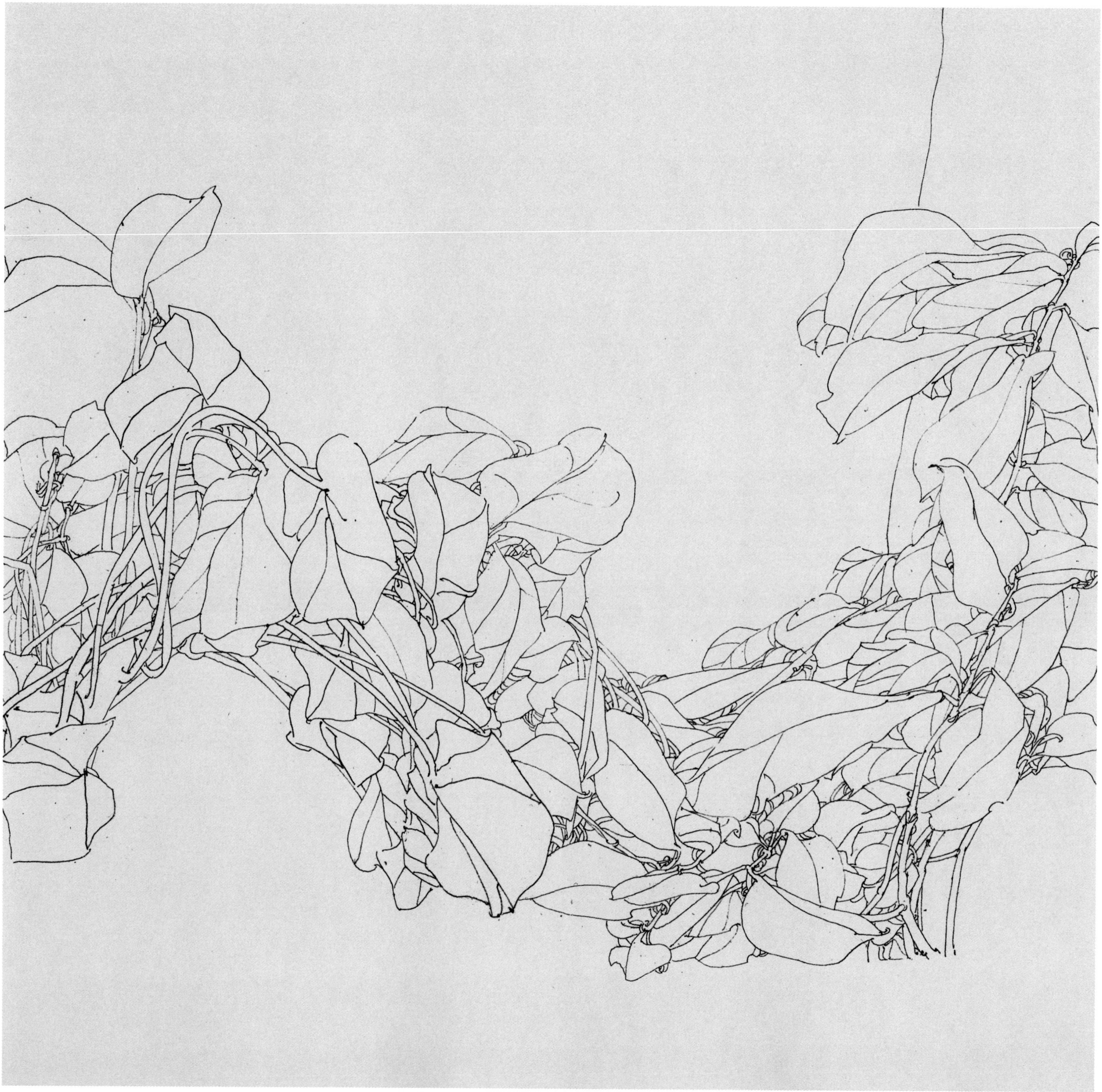

西双版纳
晓明写

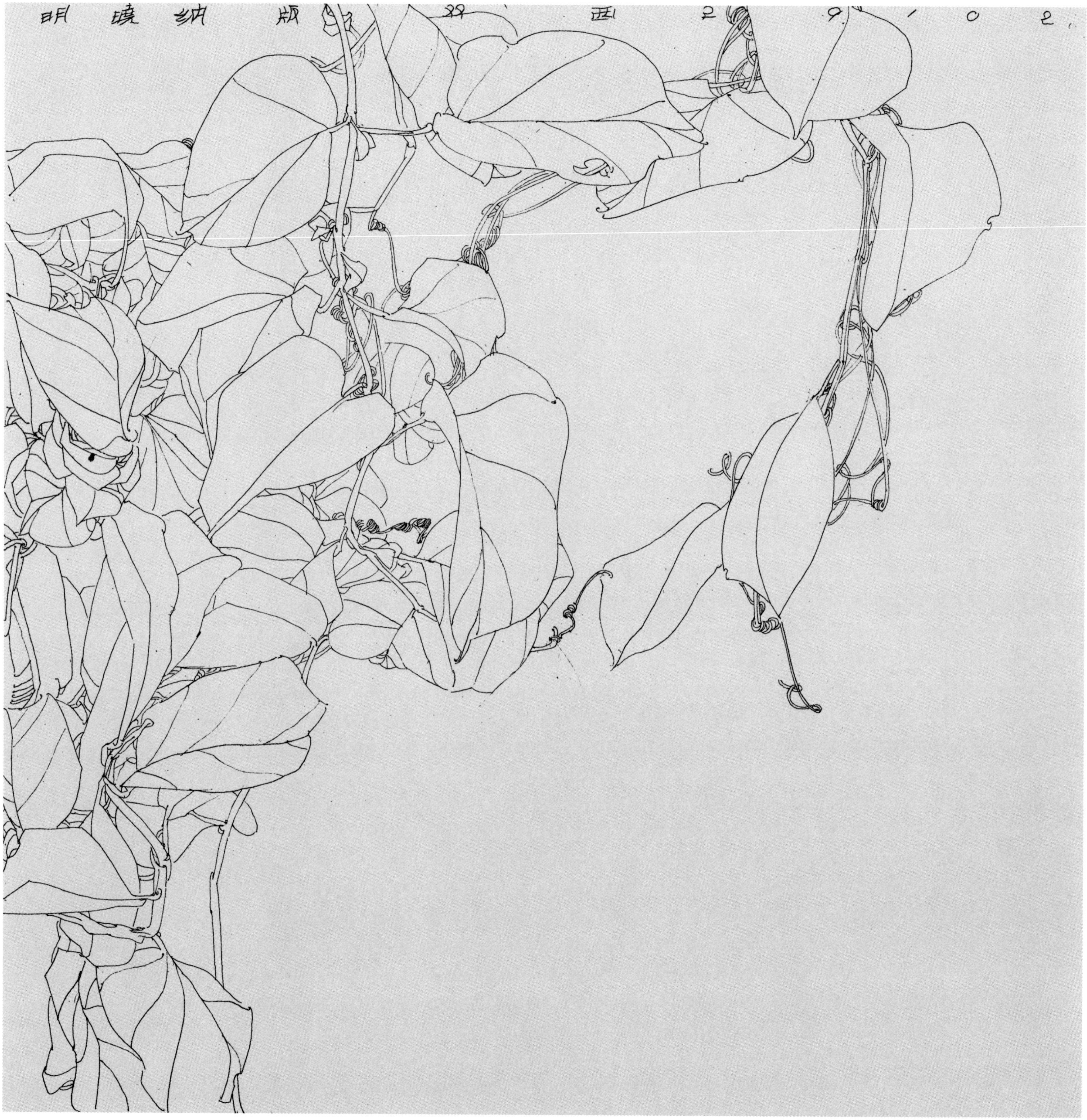

2010.2.10西双版纳 晓明写

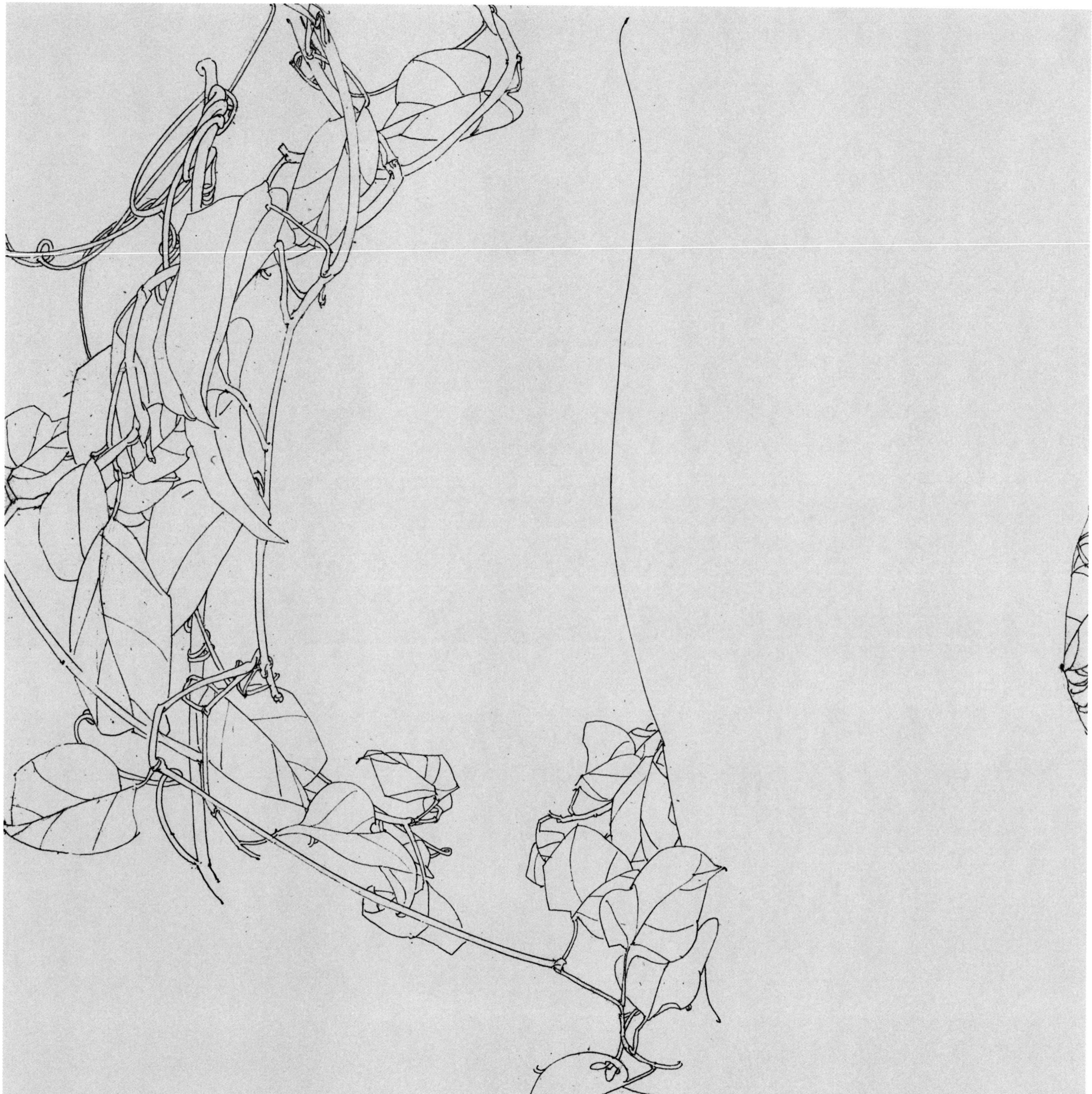

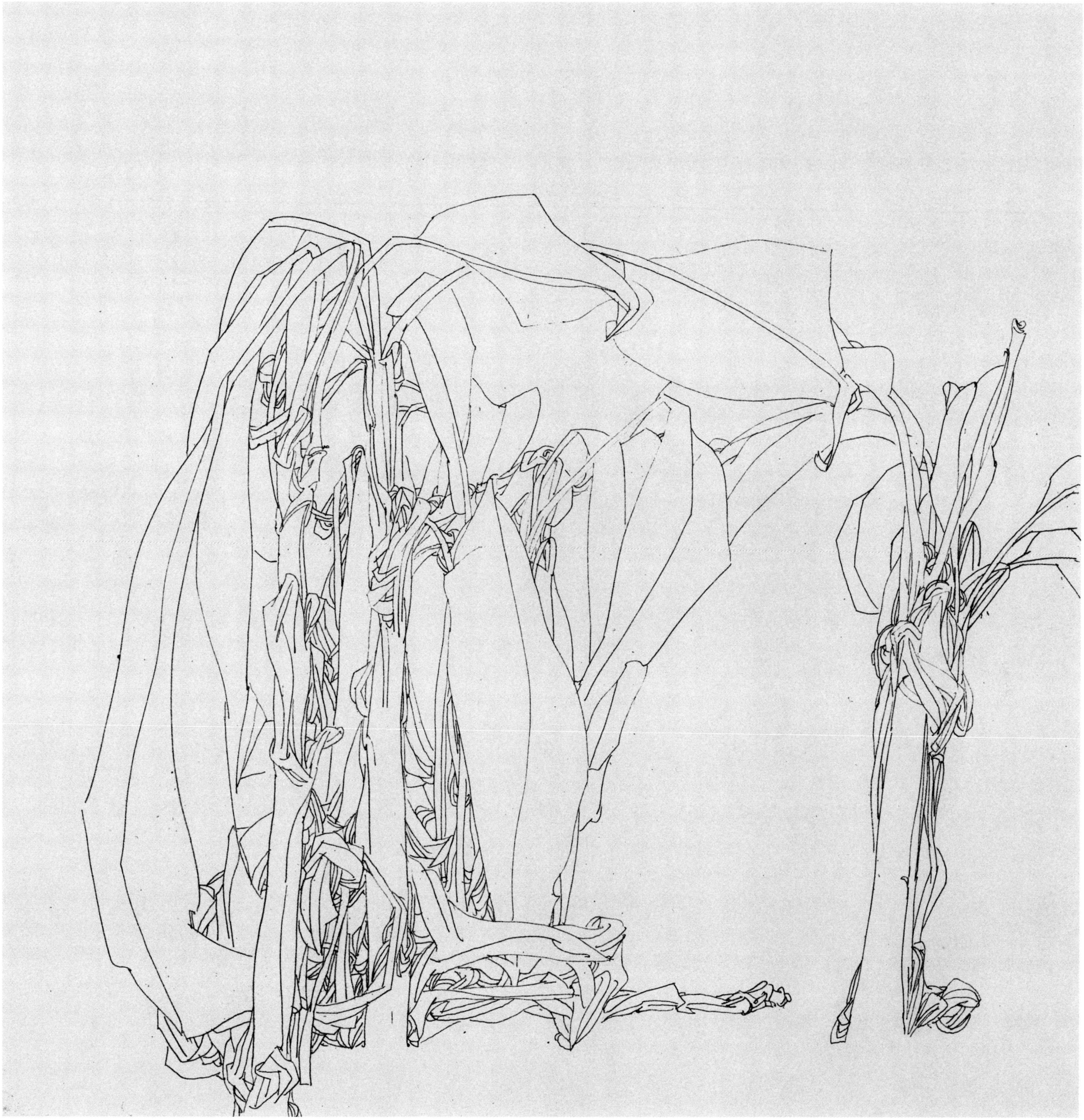

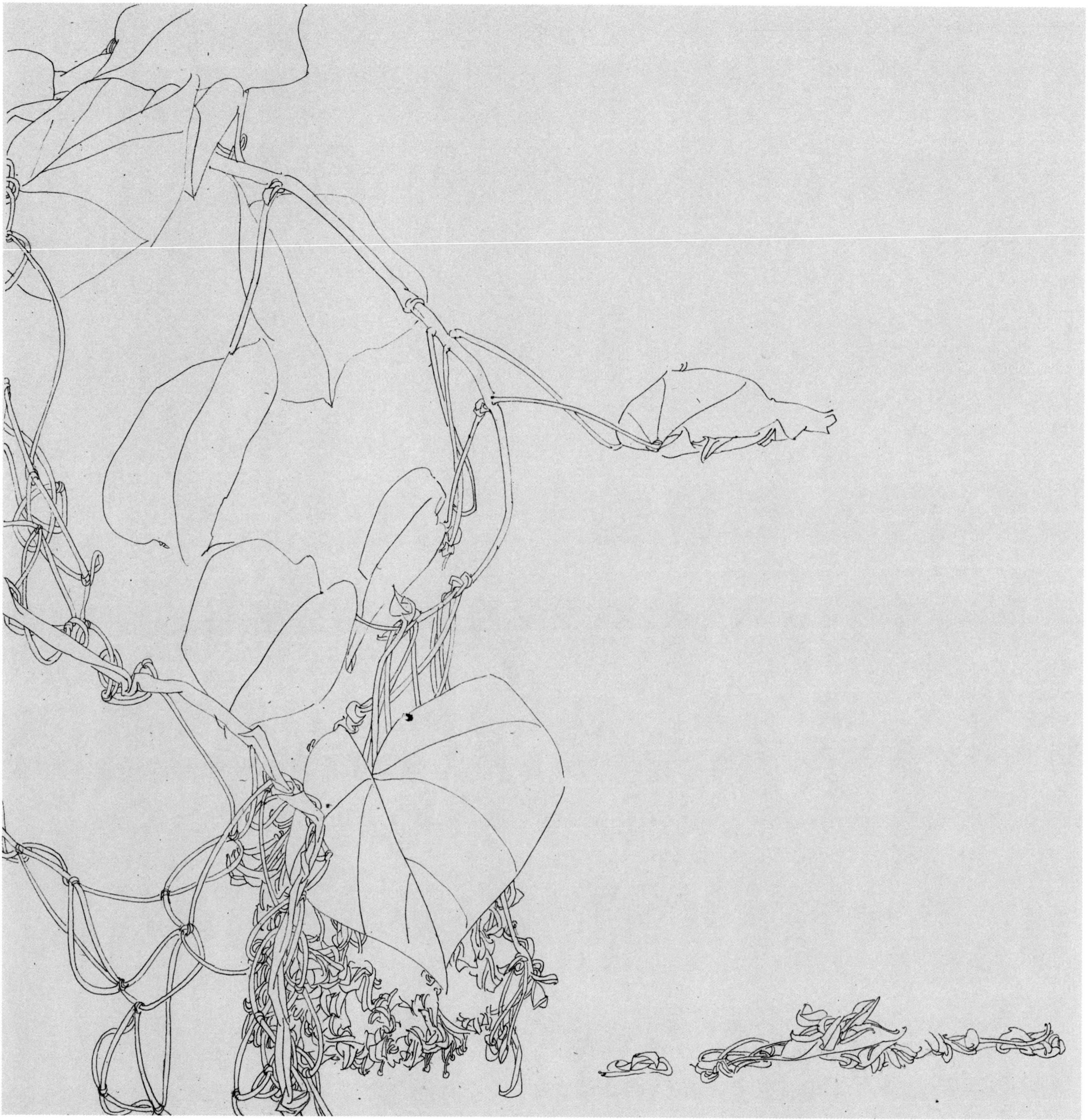

2010.2.8
西双版纳
晓明写生

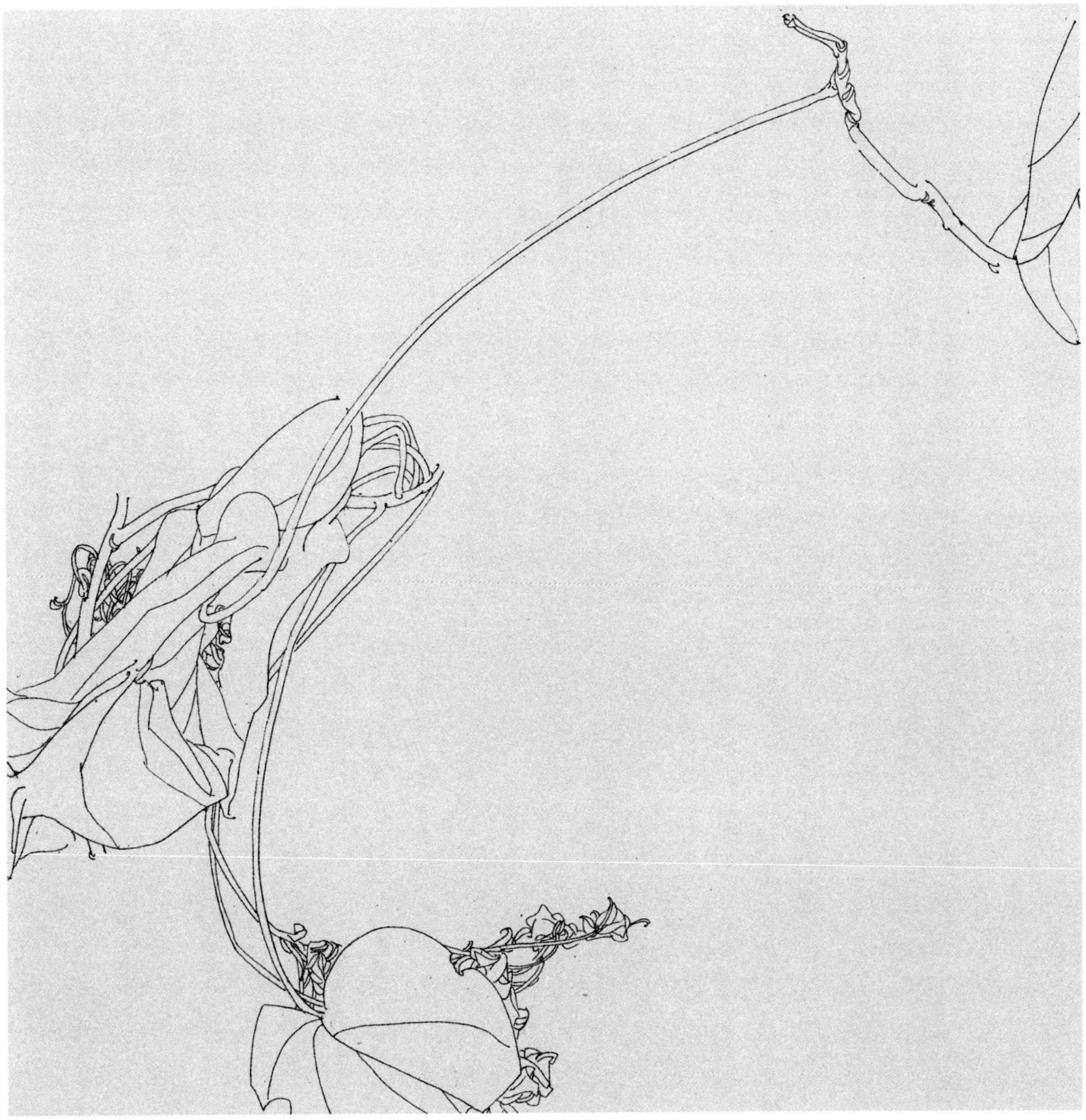

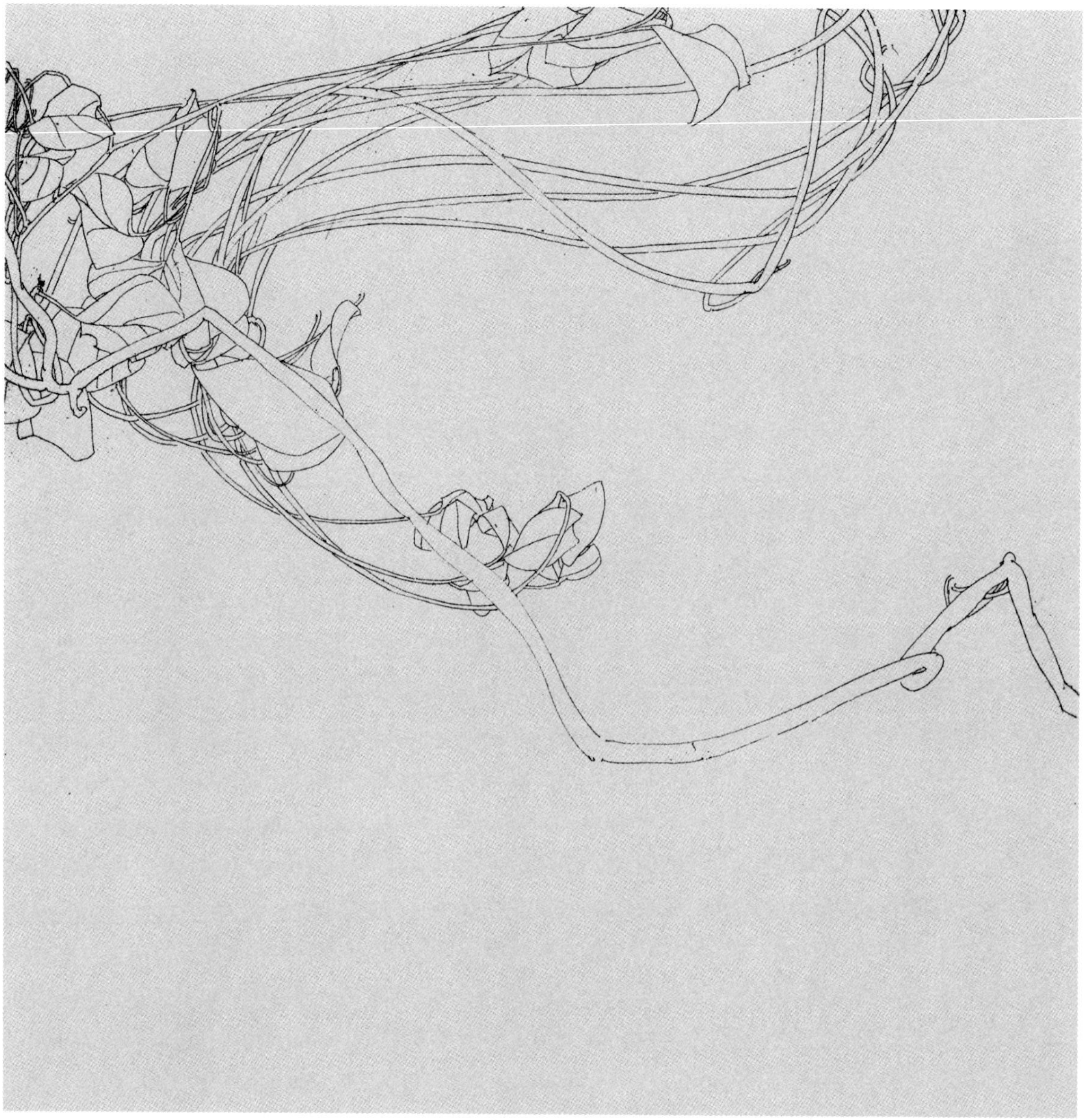

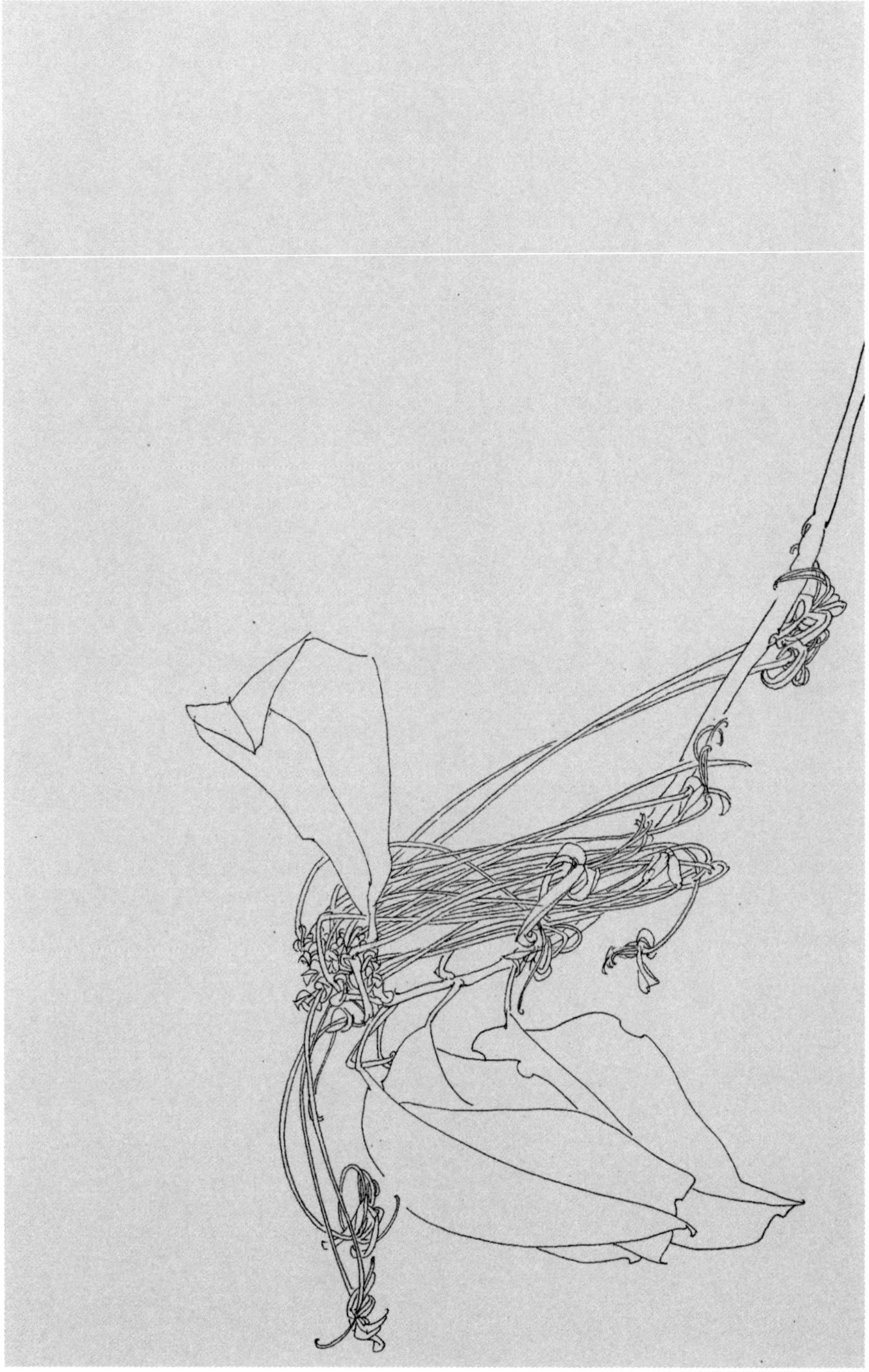

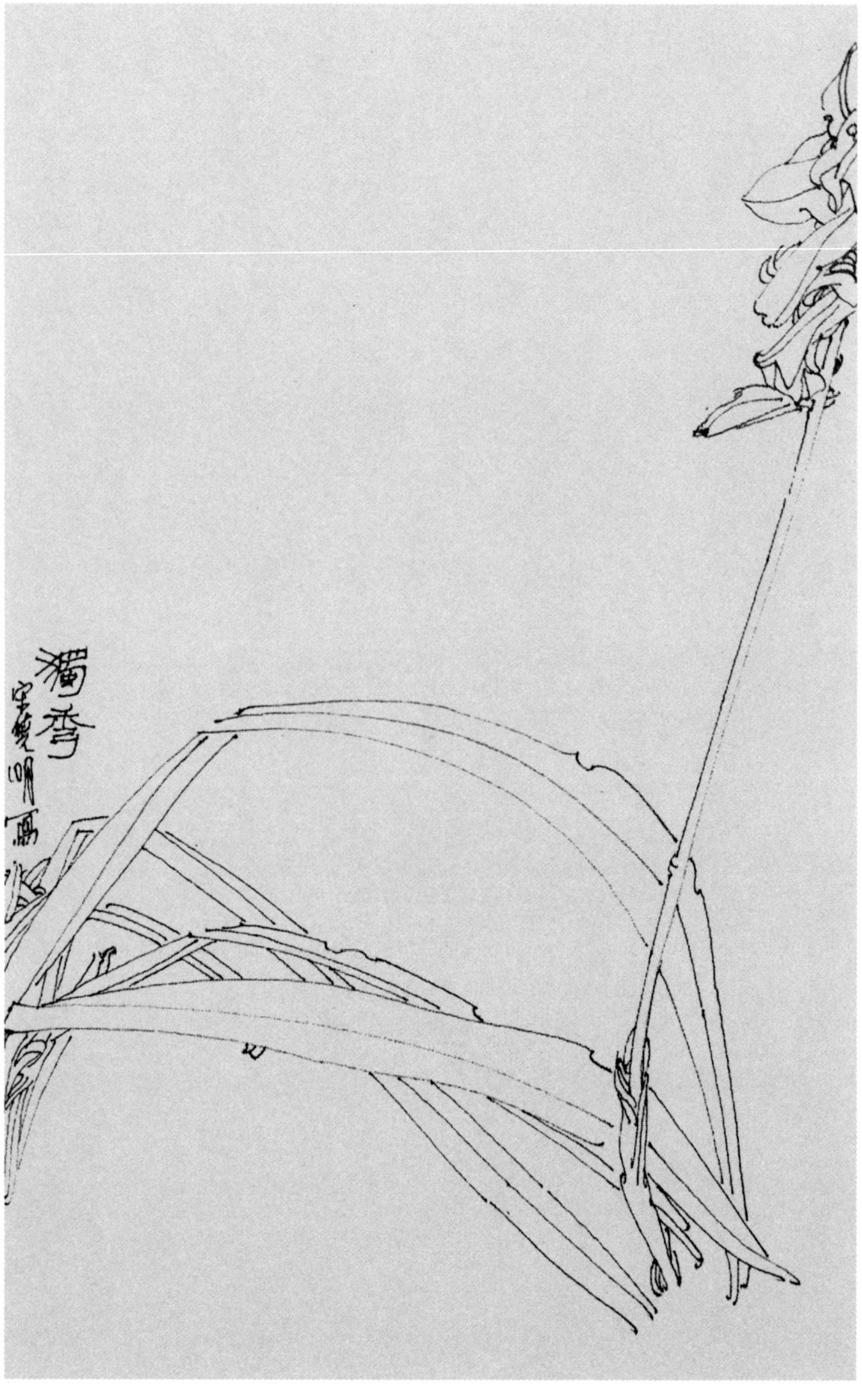
獨秀

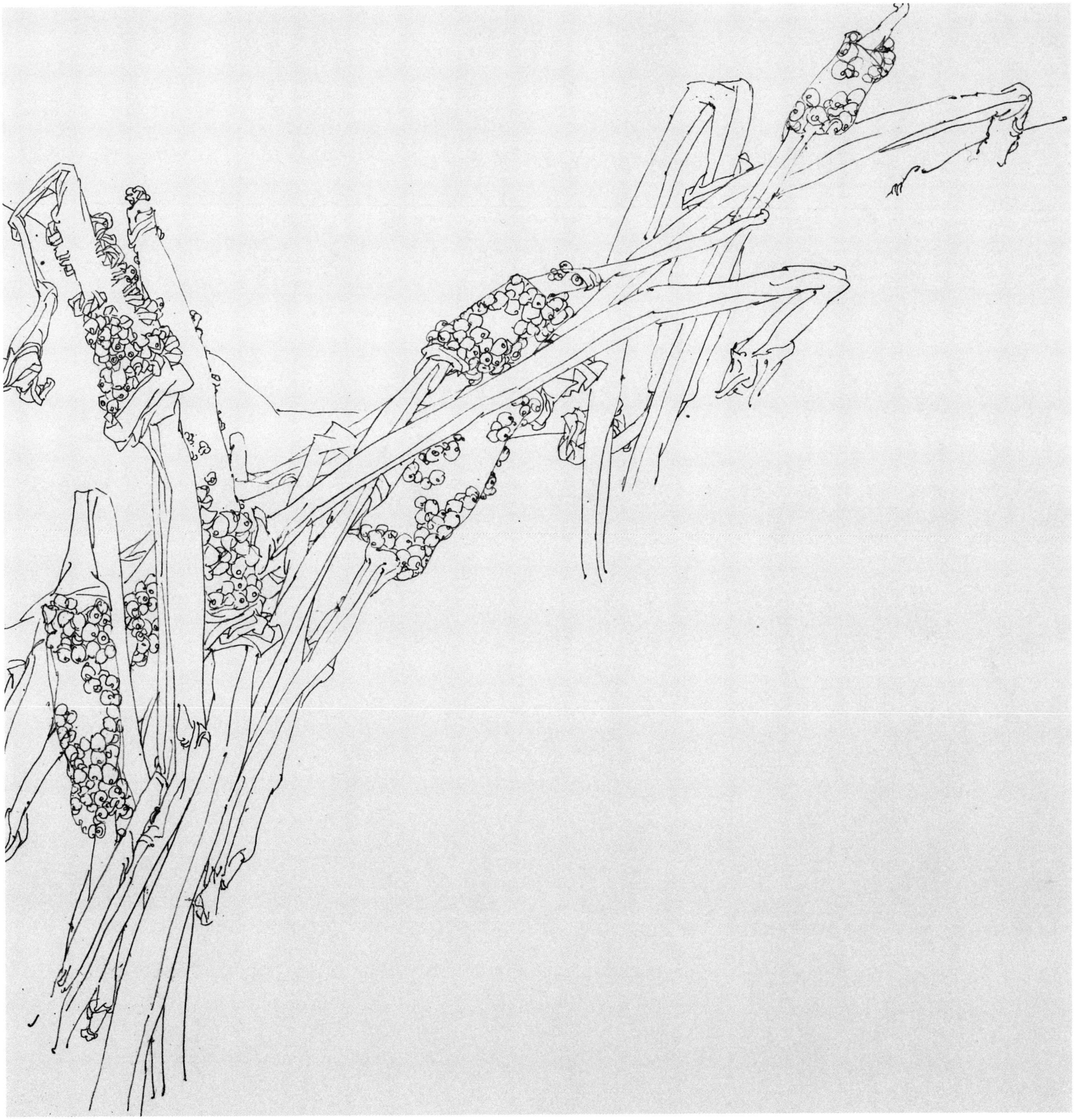

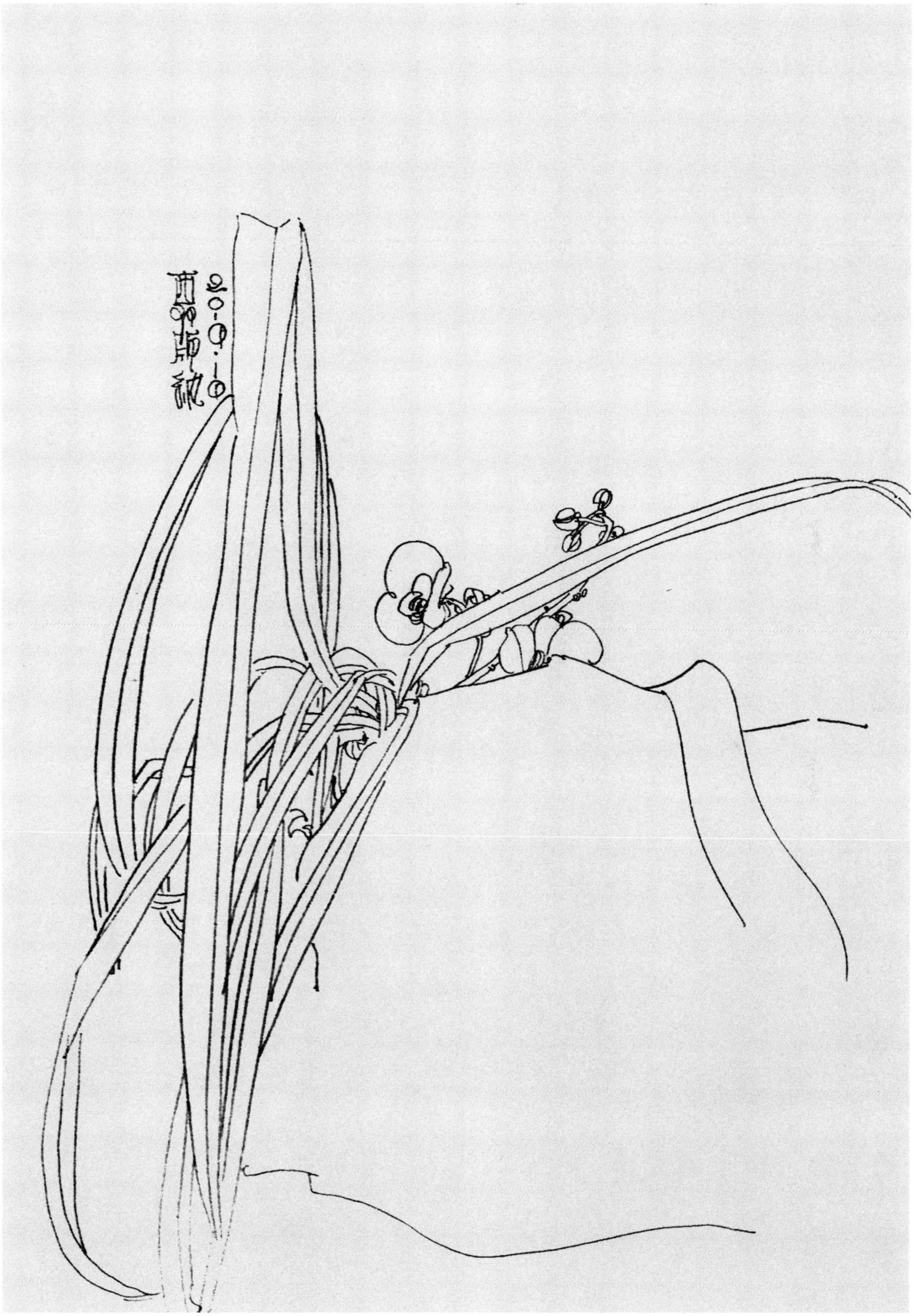

2019.2
西双版纳
曉明写

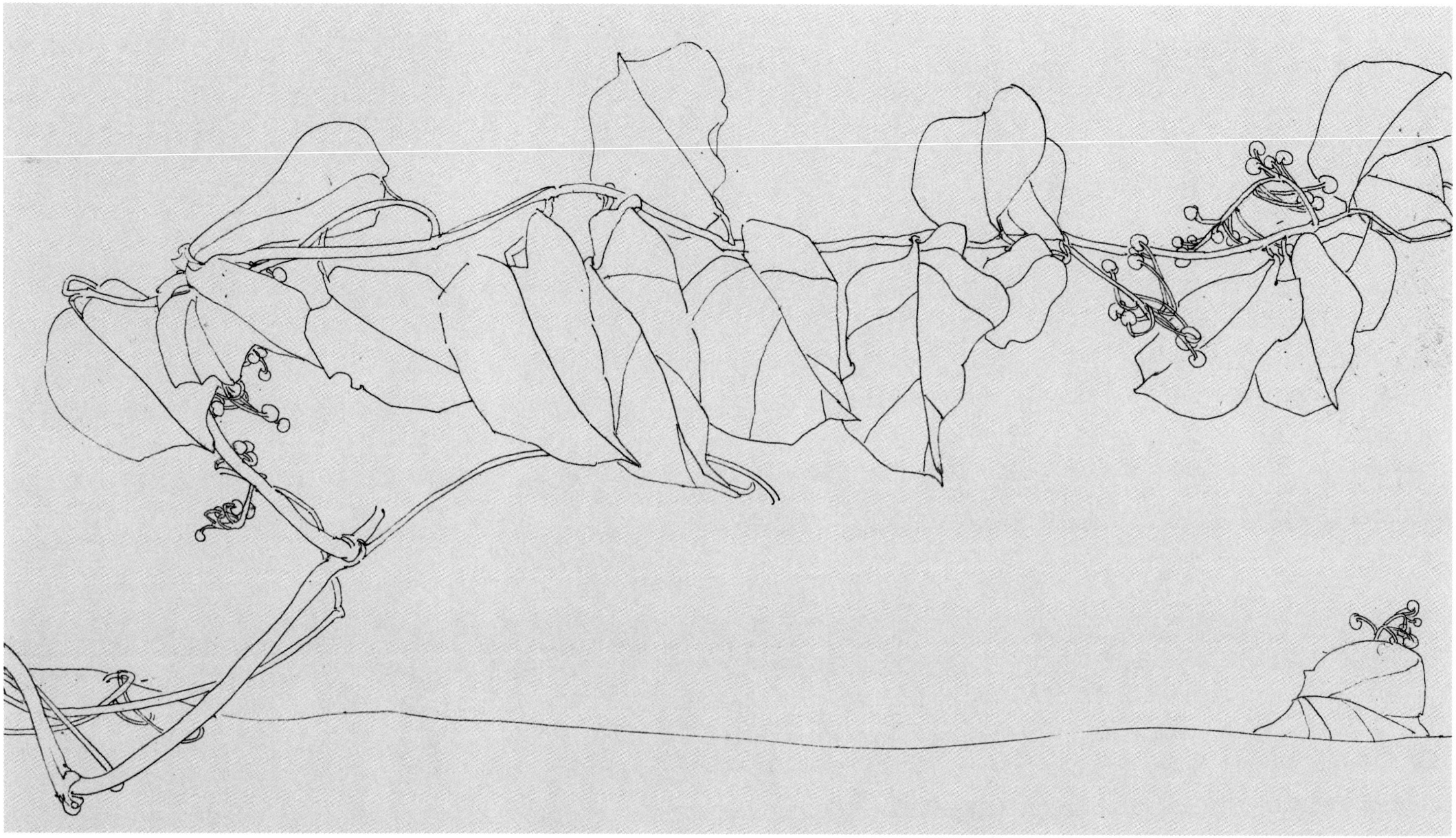

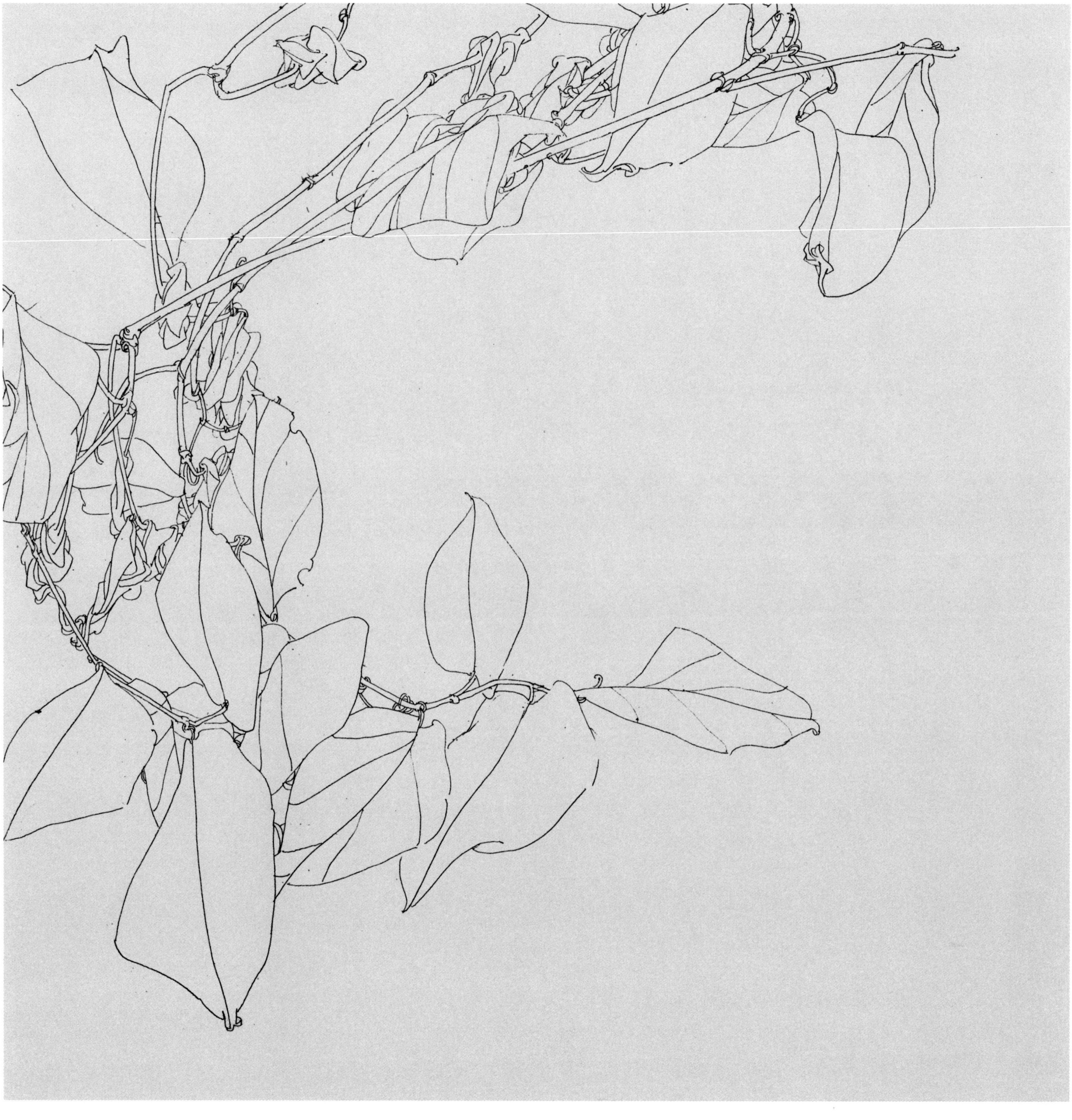

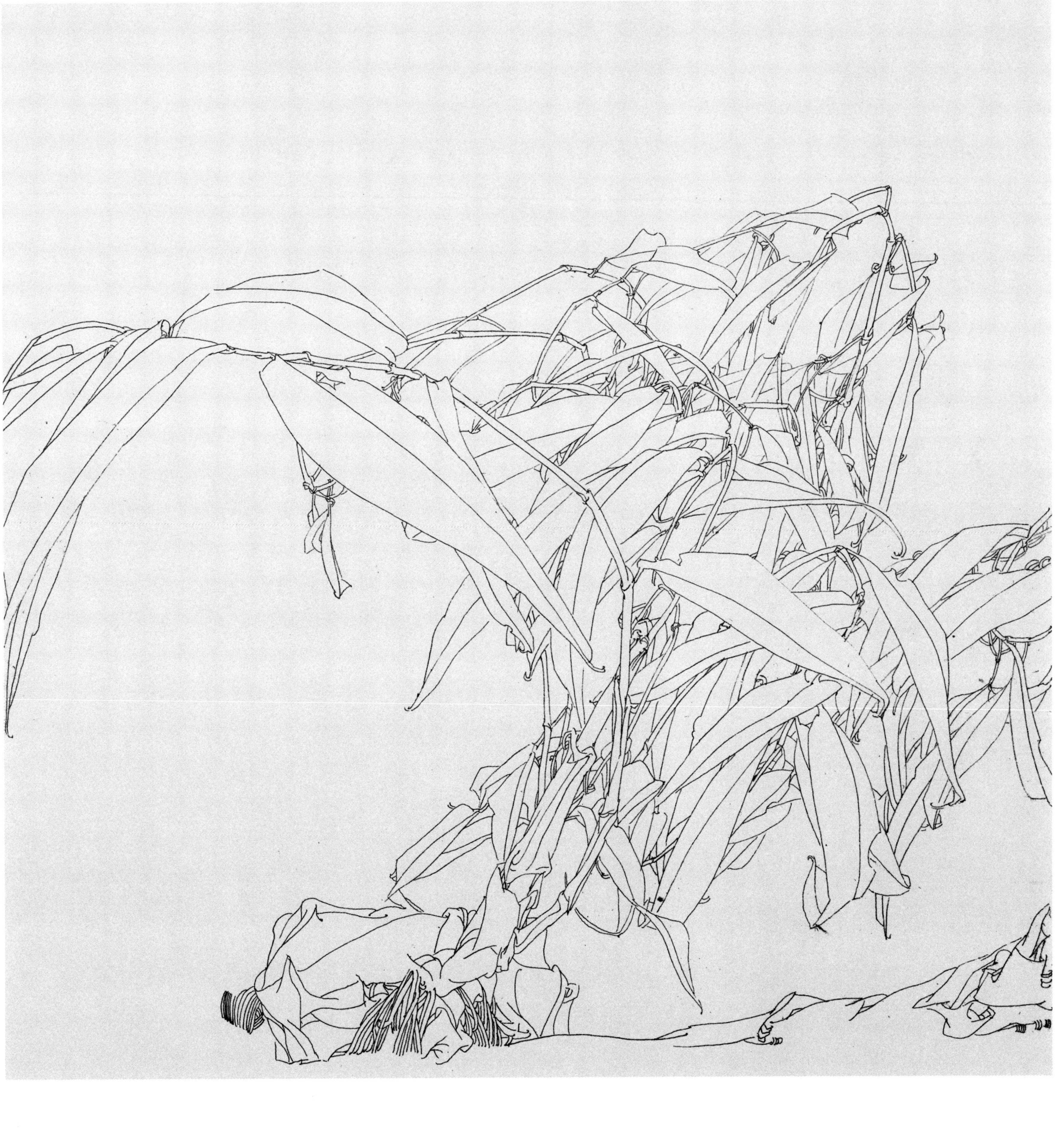

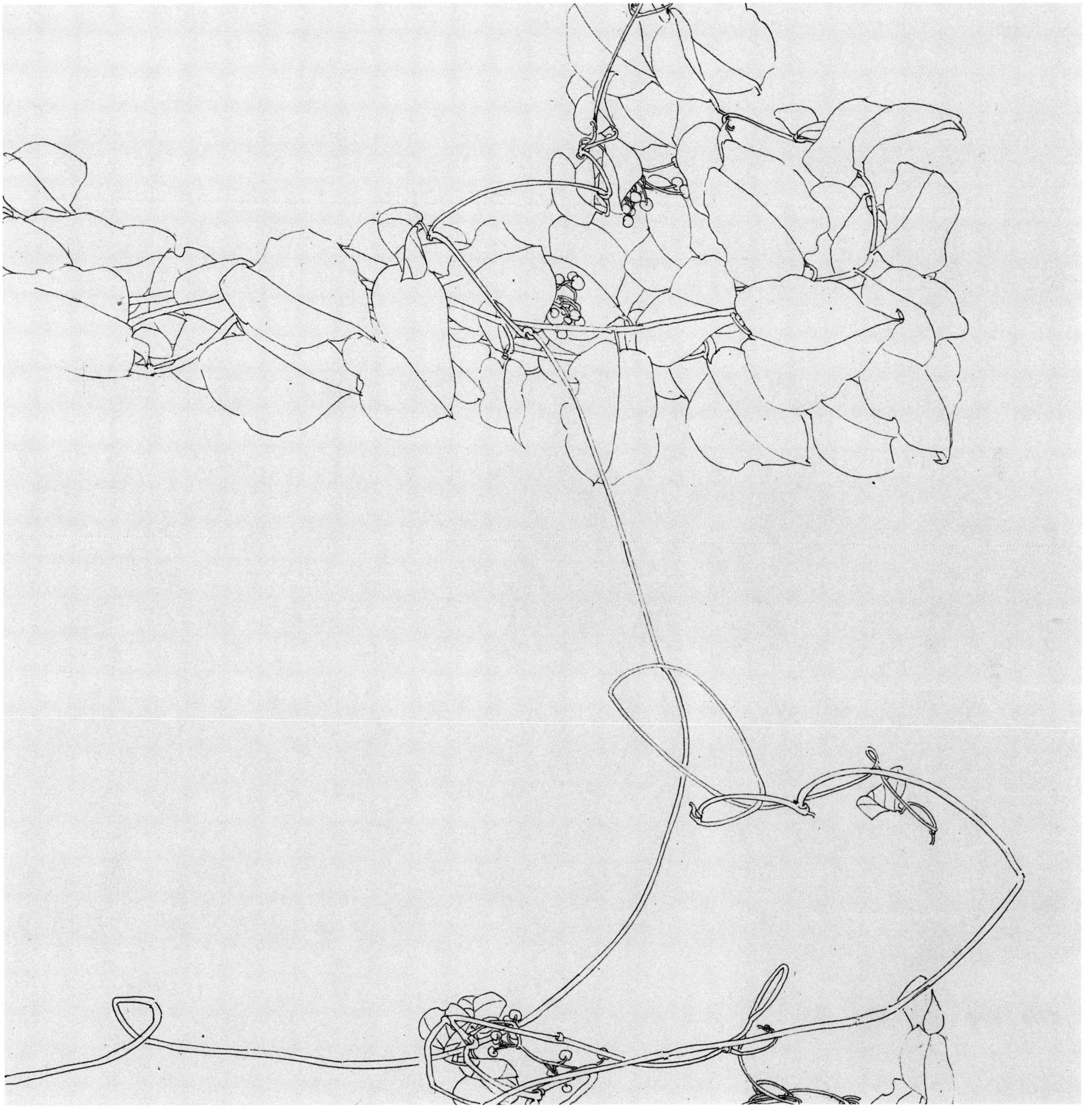

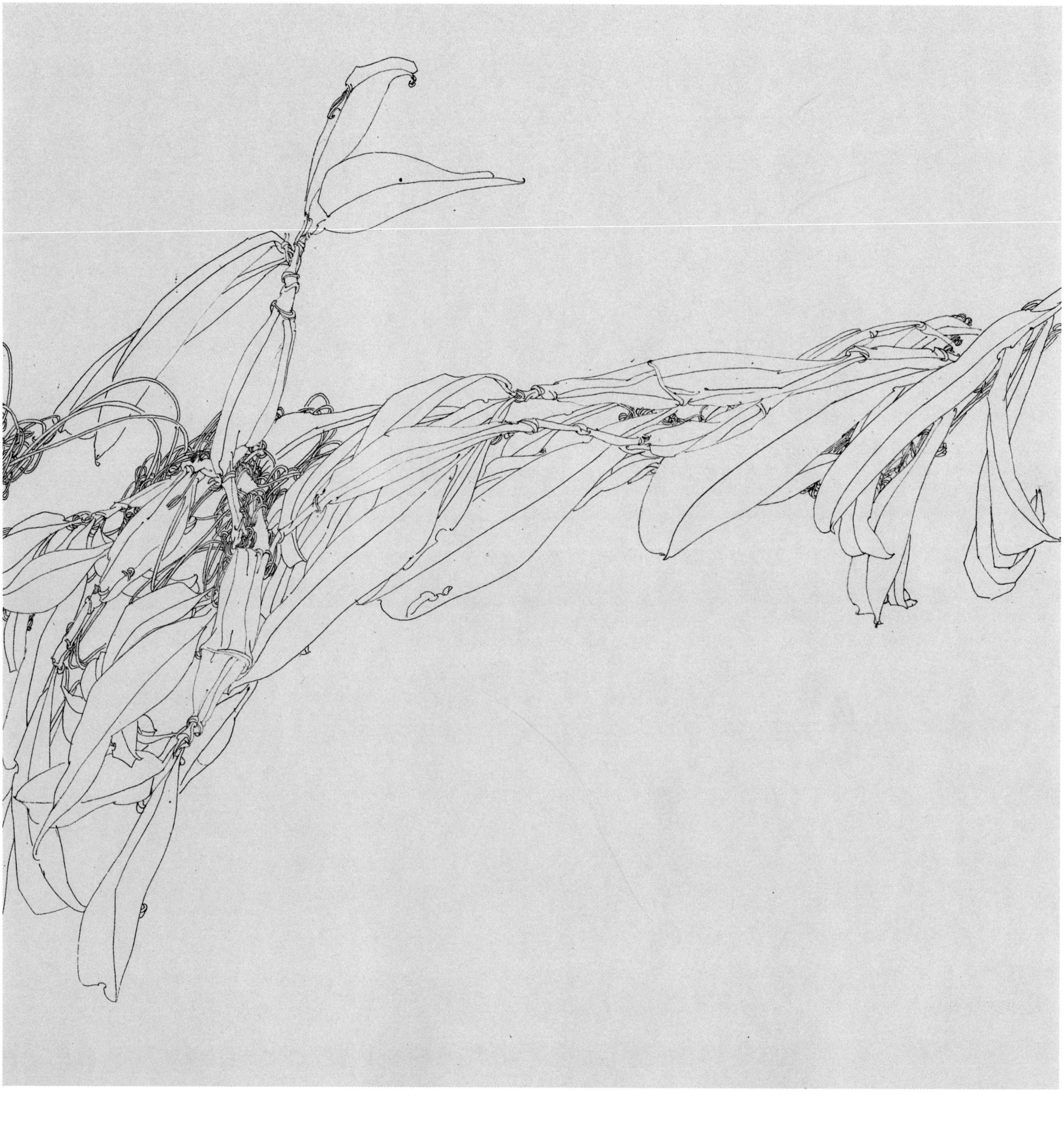

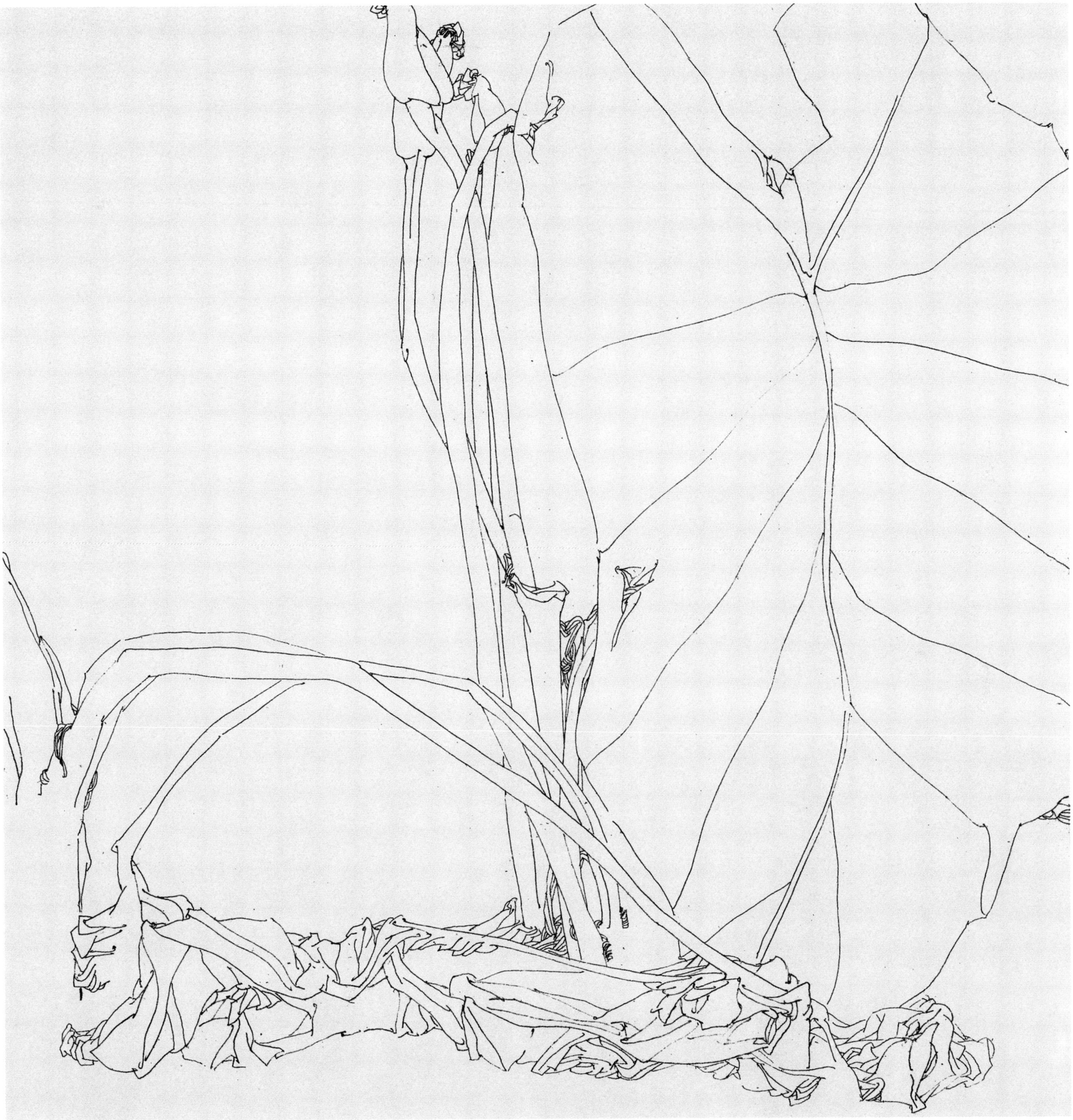

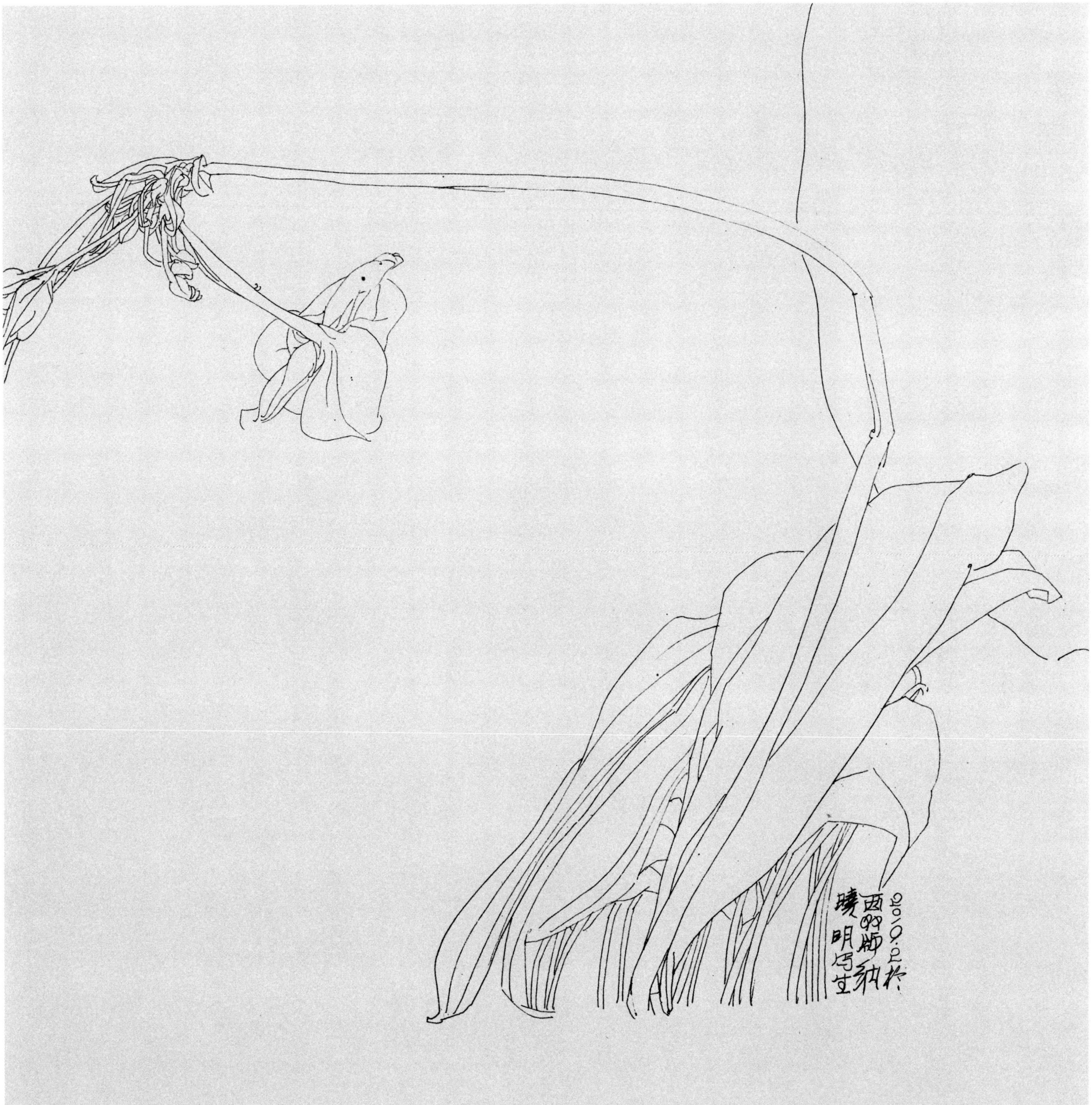
2010.2.於西双版纳
晓明写生

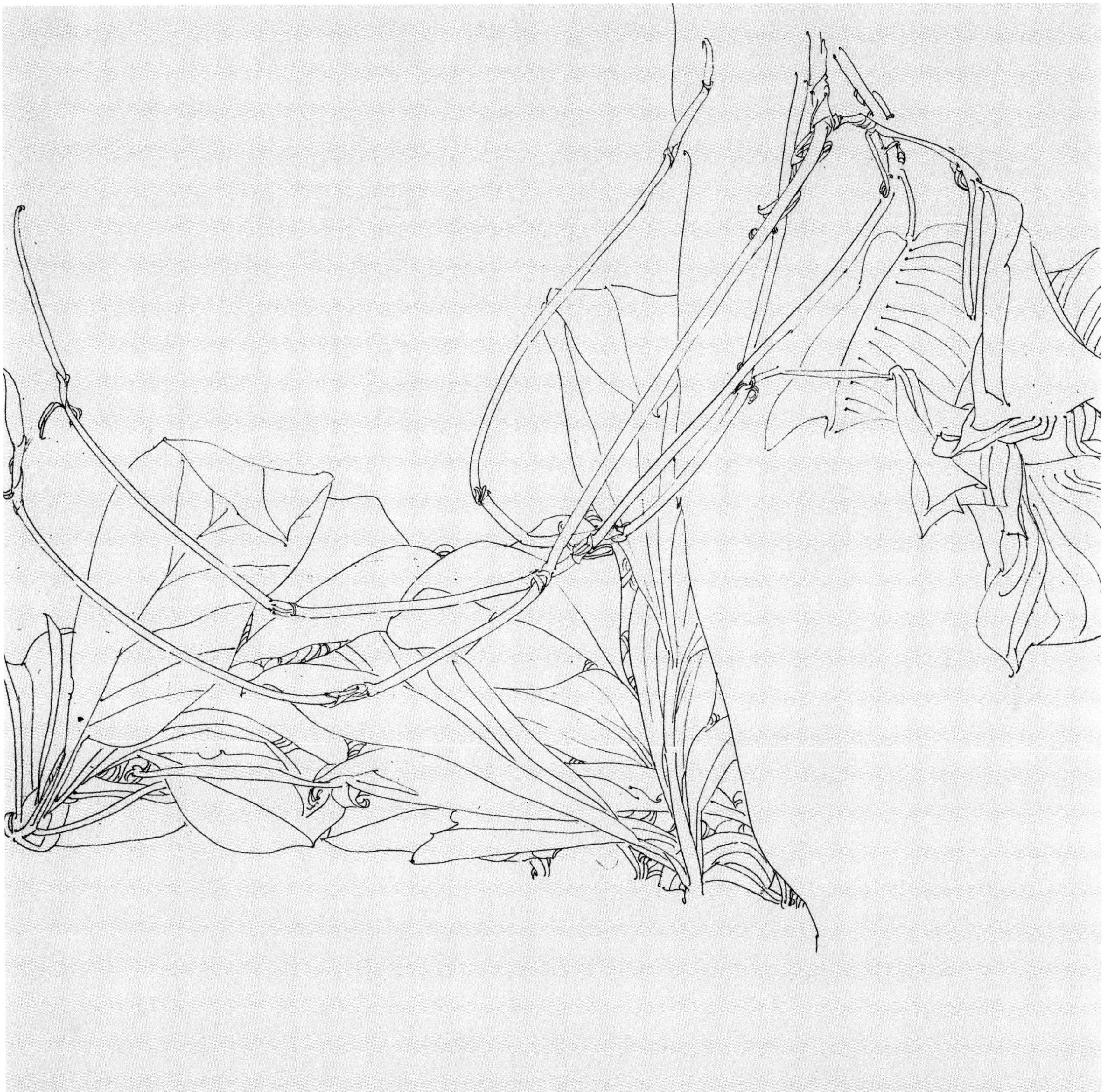

2010.9.2
西双版纳
晓明写